Los Trotamundos 1

(Libro del profesor)

Fernando Marín Arrese
Reyes Morales Gálvez

GRUPO DIDASCALIA, S.A.
Plaza Ciudad de Salta, 3 - 28043 MADRID - (ESPAÑA)
TEL.: (34) 914.165.511 - FAX: (34) 914.165.411

Primera edición: 1998
Primera reimpresión: 2000

© Fernando Marín Arrese, Reyes Morales Gálvez.

© Edelsa Grupo Didascalia, S.A., Madrid, 1998.

Dirección y coordinación editorial: Departamento de Edición de Edelsa.
Diseño de cubierta: Departamento de Imagen de Edelsa.
Ilustraciones de interior: Quatro Comunicación, S.L.
Fotocomposición: Francisco Cabrera Vázquez y Susana Ruiz Muñoz.
Fotomecánica: Clas, S.A.
Imprenta: Pimakius.
Encuadernación: Perellón, S.A.

ISBN: 84-7711-207-X
Depósito legal: M-19026-2000
Impreso en España
Printed in Spain

ÍNDICE

INTRODUCCIÓN **4**
UNIDAD 0 .... **6**
UNIDAD 1 .... **8**
UNIDAD 2 .... **10**
UNIDAD 3 .... **13**
UNIDAD 4 .... **16**
UNIDAD 5 .... **18**
UNIDAD 6 .... **19**
UNIDAD 7 .... **22**
UNIDAD 8 .... **24**
UNIDAD 9 .... **26**
UNIDAD 10 .... **28**
UNIDAD 11 .... **30**
UNIDAD 12 .... **32**
JUEGOS **34**
PRONUNCIACIÓN **35**
CLAVE DEL CUADERNO DE ACTIVIDADES **36**

LOS TROTAMUNDOS (Libro del Profesor)

INTRODUCCIÓN

Enseñar con los Trotamundos

Un "trotamundos" es una persona a quien le gusta viajar y vivir aventuras. Así son nuestros héroes. Su historia servirá de hilo conductor a lo largo de todo el libro mediante el cómic del Misterio de la Pirámide. Este cómic contiene palabras que los alumnos no conocerán, por lo que se les debe ayudar a entenderlo pero, al hacer esto, surgirán muchas oportunidades de repasar contenidos presentados en la unidad. La finalidad principal del cómic es motivar a los alumnos, hacerles ver que ya pueden seguir las aventuras de sus personajes en español (¡con una pequeña ayuda!).

Sin embargo, es en las dos lecciones de cada unidad donde se presentan, practican y consolidan los contenidos.

Cada lección comienza con la presentación del contenido, apoyado en ilustraciones y grabado casi siempre en casete. Haga a los alumnos escuchar esta grabación varias veces y pida a varios alumnos (a todos si es posible) que repitan.

Una vez hecha la presentación se le muestra al alumno una selección de contenidos para que él mismo reflexione y deduzca las estructuras gramaticales que subyacen en los ejemplos. Deje a los alumnos tiempo para que intenten sacar sus propias conclusiones.

¡En marcha!: aquí les toca a los alumnos producir lengua en situaciones semejantes a las de la vida real. No importa si a veces no están seguros de lo que deben decir, o si hay varias opciones posibles. Se trata de estimular al alumno para que hable, y corregir los posibles errores sólo lo justo para que pueda continuar hablando y los demás le entiendan.

¡A Jugar!: los juegos aparecen por todas partes, a veces entre las otras actividades, a veces en páginas aparte. En cualquier caso, siempre tienen un objetivo lingüístico claro, y muchas veces pueden identificarse otros objetivos secundarios.

Proyectos: estos son juegos en los que los alumnos despliegan su creatividad. Aporte las ideas y las orientaciones necesarias para asegurar que la actividad sea provechosa y no demasiado larga; los detalles déjelos para los alumnos. Quizá al

INTRODUCCIÓN

principio requieran más orientación (sobre todo en forma de preguntas: "¿qué os parece si ...? / ¿por qué no hacéis esto...?", en lugar de órdenes), pero poco a poco, a medida que vayan ganando confianza, seguro que le sorprenderán con su inventiva. Al plantear un proyecto, no dude en cambiar lo que crea necesario para adaptarlo a los intereses y gustos de los alumnos.

¡A Cantar!/Cantamos y bailamos con Los Trotamundos.: las canciones son muy útiles para practicar pronunciación, motivar a los alumnos y presentar vocabulario nuevo. Además, algunas canciones incorporan elementos lúdicos: juegos y bailes. Observe qué canciones les gustan más a sus alumnos y repítalas a lo largo del curso. Los niños no necesitan excusas para cantar, ¡les encanta!

El vídeo karaoke, aun no siendo estrictamente necesario, puesto que todo el material sonoro está incluido en la cinta casete, proporciona un elemento de motivación añadido. Un proyecto muy atractivo sería grabar con una cámara de vídeo una cinta parecida a la del karaoke... ¡pero con sus alumnos de protagonistas!

Pronunciación (al final del libro): se identifican claramente qué unidades son las ideales para introducir cada tarea específica de pronunciación, pero el orden es variable, por supuesto. Además, debe tener en cuenta cuáles son las dificultades de articulación concretas de sus alumnos para trabajar más en ellas. Posiblemente decida que algunos ejercicios de pronunciación no son necesarios y prescinda de ellos.

Cuaderno de actividades: Contiene casi todos los ejercicios en los que el alumno tiene que escribir. Se centra en actividades individuales y, por ello, conviene asegurarse de que comprenda bien las instrucciones.

Sin embargo, en el Libro del Alumno también hay actividades en las que hay que escribir, por lo que cada alumno debe disponer de una libreta o cuaderno en blanco para todas las prácticas que incluyan el símbolo de "actividad escrita".

LOS TROTAMUNDOS (Libro del Profesor)

UNIDAD 0

1. La unidad cero, que para algunos estudiantes de español es la primera toma de contacto que tienen con esta lengua, es para otros una unidad de reconocimiento y una especie de juego sobre el número de palabras españolas que reconocen o entienden.

Aunque el idioma español es una de las lenguas más habladas en todo el mundo, y especialmente en el continente americano, los estudiantes deben tratar de identificar aquello que es típico y originario de los países de habla hispana. Hemos de tener en cuenta que algunas cosas, tales como deportes, comidas, etc., han traspasado hoy en día las fronteras para convertirse en cosas típicas de diferentes países. Por tanto, enumeramos a continuación todas las cosas que se pueden ver en la ilustración y son propias de los países en los cuales se habla español: **la Semana Santa** con sus procesiones y nazarenos penitentes; **los** músicos **Mariachis** con sus románticas y emotivas canciones; **el puma**, mamífero parecido al tigre pero de pelo suave y leonado; **el abanico**, instrumento que sirve para darse aire en los días y noches calurosos; **la guitarra**, instrumento musical de seis cuerdas, elemento indispensable del flamenco, la rumba, etc.; **el loro**, ave de colorido brillante; **la pirámide**, edificación construida normalmente en piedra y típica de aztecas y mayas.

3. Dependiendo de la edad, conocimientos previos, cercanía a un país de habla hispana, etc., el nivel de conocimientos de español de los estudiantes variará de forma considerable.

Una forma divertida de empezar a aprender o a recordar palabras españolas es formar varios grupos en clase; estos deben escribir en un papel palabras que conozcan o hayan oído/visto alguna vez en películas, anuncios, etc. Una vez finalizada la lista, se la entregan al profesor y este las irá escribiendo en la pizarra. Ganará aquel grupo que haya conseguido reunir más palabras.

Tal vez se quede asombrado del conocimiento previo de la lengua que tienen algunos alumnos, ya sea por contacto directo con el español o a través de otros medios.

5. Este ejercicio está pensado para que los alumnos se familiaricen con algunos de los sonidos españoles más característicos o diferenciadores de esta lengua.

Transcripción: *1. CH: bicho. 2. J: jamón. 3. Ñ: piña. 4. R: romper. 5. Z: zona.*

UNIDAD 0

6. Los símbolos.

 ¡A trabajar!

 Tú solo

 En parejas

 En grupo

 Escucha la cinta

 Escucha la cinta o mira el vídeo

 Lee

 Canta

 Escribe en tu cuaderno

LOS TROTAMUNDOS (Libro del Profesor)

UNIDAD 1

Lección 1

2. Transcripción:
   – ¡Hola!, ¿**te llamas** Luis?
   – No, **me llamo** Pepe.
   ¿Y tú? ¿**Cómo** te llamas?
   – **Me llamo** Juan.

Lección 2

1.

2. Transcripción:
   1. ¡Buenos días! Me llamo Carlos. Soy de Argentina.
   2. ¡Hola, amigos! Me llamo Julia. Soy de México.
   3. ¡Buenas tardes! Me llamo Mauro. Soy de Brasil.
   4. ¡Hola! ¡Buenas noches! Me llamo Paloma. Soy de España.

• • • • • • • • • • • • • • • • • • •

¡A JUGAR!: El juego del personaje (p. 14)

Objetivo: presentarse uno mismo / preguntar a alguien cómo se llama.

UNIDAD 1

El juego:
– Advierta a los alumnos que van a adoptar nombres nuevos para el juego. Anímeles a pensar en nombres de famosos que les gusten. Si se cambian ligeramente se puede conseguir un efecto algo cómico. En la pág. 14 aparecen varios ejemplos:

Harrison Ford > Harrison Fard   Sylvester Stallone > Sylvester Ballone
Martina Hingis > Cristina Higgins   Chelsea Clinton > Chelsea Clint
Kevin Costner > Kevin Costny

– Los alumnos rellenan tarjetas con los nombres y apellidos que han inventado / pensado. Estos nombres se escriben en la pizarra para recordarlos.

– Se cortan las tarjetas separando nombres y apellidos y cada alumno guarda la parte de su apellido. Las tarjetas con los nombres se echan en una caja / bolsa, se mezclan, y cada alumno coge una tarjeta al azar.

– Ahora los alumnos se encuentran con un nombre y un apellido que no "casan". Para "encontrar su nombre", cada alumno debe ir preguntando a sus compañeros "¿cómo te llamas?". Estos irán respondiendo según la tarjeta que les haya tocado. Cuando el alumno encuentra al compañero que responde con el nombre que está buscando, le enseña la tarjeta con el apellido que corresponde y entrega ambas al profesor. Poco a poco todos los alumnos van encontrando sus nombres.

– Ganan los 5 / 10 (o cualquier número apropiado) primeros alumnos que encuentren sus nombres.

– Ejemplo: La alumna A tiene la tarjeta del apellido "Higgins". Le corresponde el nombre "Cristina", pero le ha tocado la tarjeta con el nombre "Harrison".
A pregunta a B: "¿cómo te llamas?". B mira su tarjeta de nombre y responde: "Sylvester".
A puede decir: "¡hola, Sylvester!", o "buenos días/buenas tardes" o algo apropiado. Significa que no le interesa esa tarjeta.
B pregunta a A cómo se llama, etc.
Ninguno de los dos ha encontrado la tarjeta que buscaba, así que siguen buscando, preguntando lo mismo a otros compañeros.
A pregunta a C: "¿cómo te llamas?". C responde: "Cristina". A enseña su tarjeta de apellido y dice: "¡No, yo soy/me llamo Cristina!" C le da la tarjeta con el nombre "Cristina".
A guarda las tarjetas "Cristina" e "Higgins" y espera a que alguien le quite la tarjeta con el nombre "Harrison". En ese momento, entrega sus dos tarjetas al/a la profesor/-a. Si es de los primeros habrá ganado.

EL MISTERIO DE LA PIRÁMIDE: primer episodio.

Paloma está estudiando en su casa. Mientras intenta memorizar las capitales de diversos países se queda dormida y empieza a soñar. El sueño es extraño, aparecen pirámides mayas. De repente surge una voz del ordenador que despierta a Paloma. Esta mira la pantalla y ve la ventana de Infored, una red de comunicaciones que ella emplea para estudiar y para comunicarse con amigos de todo el mundo. En la ventana de Infored están todos los apartados habituales (geografía, historia, etc.) pero ha aparecido uno nuevo, llamado "El Misterio de la Pirámide" y una voz dice: ¡hola!. Intrigada, Paloma hace "clic" sobre esa opción. La misma voz sale del ordenador, preguntándole a Paloma cómo se llama.

¿Estará soñando Paloma? ¿Quién es este misterioso personaje que dice llamarse Chamán?

UNIDAD 2

Lección 1

1. El comienzo del alegre ritmo hispanoaméricano del mambo –prolongando la cuenta hasta el número diez por razones didácticas de adaptación a los contenidos de la lección– constituye la canción número 1 (p. 16).

2. Transcripción:
 – Luisa, ¿cuál es tu número de teléfono?
 – Mi teléfono es el **913 528 046.**

6. Transcripción:
 – Paloma, ¿cuántos años tienes?
 – Tengo **trece** años. ¿Y tú?
 – Muchos, mi niña, muchos.

Lección 2

2. ¿Cuántas plantas? **Tres plantas**.
 ¿Cuántas ventanas? **Tres ventanas**.
 ¿Cuántas sillas? **Cinco sillas**.
 ¿Cuántos lib[ros? **Ocho libros**.
 ¿Cuántos alumnos? **Seis alumnos**.
 ¿Cuántos mapas? **Dos mapas**.

3. **un** libro   **una** pizarra
 un profesor   **una** planta
 un mapa   **una** mesa
 un reloj   **una** ventana
 un alumno   **una** silla

4. Canción 2: la canción del "Medio limón" (p. 19)
Esta canción se emplea para un juego. Los alumnos se sientan en corro. Si son más de quince o veinte, se dividen en dos grupos.
A cada alumno se le asigna un número (uno, dos, tres, etc.) y debe recordar ese número.

Un alumno cualquiera empieza a cantar la canción del Medio limón y los demás marcan el ritmo (y la velocidad) dando palmas. El alumno que canta no sigue el orden natural de los números (uno, dos, tres, etc.), sino que canta:

1º: su propio número
2º: el número de otro alumno, y este debe continuar, ¡pero sin perder el ritmo ni equivocarse!
Ejemplo: Hay cuatro alumnos. El nº 4 empieza:
4: "Cuatro limones y medio limón, dos limones y medio limón."
2: "Dos limones y medio limón, tres limones y medio limón."
3: "Tres limones y medio limón...".

Parece fácil, pero el grupo, al dar las palmas para marcar el ritmo, va acelerando (¡poco a poco!) y cuando se canta muy rápido es inevitable que alguien se equivoque (que diga "melón" en lugar de "limón" o algo así). En ese caso se para, el alumno que se ha equivocado lleva un punto negativo, y se vuelve a empezar. Se marca un límite de tiempo. Los jugadores que no tengan ningún punto negativo al final de ese tiempo serán los ganadores.

5. **Bolis:** 2. **Libros:** 16. **Gomas:** 5. **Vídeos:** 18. **Tebeos:** 3. **Lápices:** 10.

• •

¡A JUGAR!: ¡Bingo! (p. 20)

Objetivo: números del 1 al 19.

El juego:
1. Los alumnos preparan tarjetas de bingo para todos, como en el ejemplo. Deben procurar que no haya cartones con filas idénticas, ni dos cartones con los mismos números, por supuesto. En cada cartón, los números deben aparecer desordenados, como en el ejemplo. Si no, es demasiado fácil el juego.
2. Se preparan papelitos con los números del 1 al 19 escritos en ellos, se doblan y se meten en una caja, bolsa, etc.
3. Se elige a un alumno para que vaya sacando los papelitos y "cante" los números. Debe hacerlo despacio. Los demás alumnos van tachando los números en sus cartones. En el momento en que algún alumno complete una de las filas **horizontales**, gritará "¡línea!". Se comprueba si es cierto, y si lo es (es decir, que no se ha equivocado), ese alumno ya ha ganado **un** punto. Se continúa jugando para ver quién completa todos los números del cartón. El primero en completarlo gritará "¡bingo!". Como antes, el juego se detiene, se comprueba el bingo, y el alumno ha ganado **dos puntos.** Puede jugarse tantas veces como se quiera, preparando cartones distintos, o procurando tachar los números con lápiz, de modo que puedan borrarse fácilmente. Así pueden reutilizarse los cartones, pero en este caso los alumnos deben cambiar de cartón para seguir el juego. Al final, los alumnos que hayan conseguido más puntos son los vencedores.

Si se cree que algunos alumnos van a encontrar este juego difícil, se puede jugar por parejas. Así es más fácil entender los números y tacharlos. Los alumnos se encuentran más seguros.

LOS TROTAMUNDOS (Libro del Profesor)

CANTAMOS Y BAILAMOS: Un elefante... (canción 3, p. 21)

Esta canción se baila haciendo equilibrios sobre una pierna (se puede cambiar de pierna en cada estrofa) y puede servir de juego. El alumno que pierda el equilibrio queda eliminado. También se puede proponer que un alumno distinto empiece cada estrofa diciendo el número correspondiente. El que no diga correctamente el número también queda eliminado. Son ganadores los que aguanten hasta el 20.

UNIDAD 3

Lección 1

3. Transcripción:
Esta es mi familia. Mi madre se llama Isabel. Mi padre se llama Javier. Mi perro se llama Tom, y esta es mi hermana Alicia.

Lección 2

2. Posibles respuestas:
   - ¿Cómo es Lola? – **Es alta, morena y delgada.**
   - ¿Cuántos años tiene? – **Tiene 13 años.**
   - ¿Cómo es Cristina? – **Es baja, rubia y gorda.**
   - ¿Cuántos años tiene? – **Tiene 8 años.**
   - ¿Cómo es David? – **Es alto y gordo.**
   - ¿Cuántos años tiene? – **Tiene 11 años.**
   - ¿Cómo es Pablo? – **Es bajo, moreno y delgado.**
   - ¿Cuántos años tiene? – **Tiene 10 años.**

3. El juego de las diez preguntas (p. 25)

Objetivo: descripción de personas.

El juego: Un alumno piensa en otra persona de la clase. Los demás deben hacerle preguntas para adivinar quién es. Sólo valen preguntas que puedan responderse "sí" o "no" (por ejemplo, no valen preguntas como "¿de qué color tiene el pelo?"). Los alumnos van haciendo las preguntas por turno, nadie puede hacer dos preguntas seguidas. Hay un máximo de diez preguntas, pero si antes de la décima el alumno al que le toca preguntar cree que ya sabe de quién se trata, puede preguntar directamente con el nombre de esa persona: "¿es Lucía / etc.?".

Si no ha acertado, el juego continúa hasta completar las diez preguntas. Cada acierto vale un punto. Si nadie acierta, el alumno que ha contestado las preguntas es quien gana el punto, pero debe decir en quién había pensado y se comprueba si todas las contestaciones han sido ciertas. El profesor o un "jurado" de alumnos pueden actuar de jueces.

LOS TROTAMUNDOS (Libro del Profesor)

Si se quiere hacer el juego más competitivo y estimular el trabajo en equipo se puede jugar haciendo dos grupos en la clase. Un representante del grupo A piensa en una persona y se lo dice en voz baja a sus compañeros. Los del grupo B deben hacer las preguntas. Luego se cambian los papeles. Los puntos conseguidos por los jugadores de cada grupo se suman. Al final gana el equipo que ha sumado más puntos.

• •

¡A JUGAR!: Viajamos por España (p. 26)
Objetivos: descripción de personas, hablar de la edad y el origen de alguien, cultura.

El juego:
Primero el profesor hace una presentación de los monumentos, aportando la información que considere necesaria:

El volcán Teide
Con sus 3.718 metros, es el pico más alto de España. Situado en el centro de la isla de Tenerife, es un gigantesco e impresionante cráter de volcán. Los antiguos habitantes de la isla, los "guanches", lo veneraban como a un dios. En sus laderas se extiende un parque natural, único por su sorprendente flora y las formaciones rocosas de formas y colores llamativos. Ideal para la observación astronómica por la limpieza del aire, el Teide alberga el observatorio astrofísico de Izaña, a 2.000 metros de altitud.

La Puerta de Alcalá
Fue una de las puertas de Madrid y se construyó a mediados del siglo XVIII por orden del rey Carlos III, llamado "el Rey alcalde" por los muchos monumentos que mandó construir en Madrid. Carlos III también se preocupó de modernizar la ciudad, que había crecido rápida pero desordenadamente desde que fue elegida como capital de España por el rey Felipe II en el siglo XVI. La Puerta de Alcalá es uno de los monumentos más carismáticos de Madrid y mejor conocidos.

La Alhambra
Palacio de los últimos reyes moros de Granada. Es un conjunto de construcciones, jardines y juegos de agua de espectacular belleza. Está construida sobre un promontorio que domina la ciudad de Granada. La fotografía del libro es del Patio de los Leones.

El Castillo de Bellver
Castillo gótico construido en el siglo XVI por orden del rey de Mallorca Jaime II. Sirvió de prisión para muchos personajes históricos. Domina la bahía de Palma de Mallorca, y es visita turística obligada por las magníficas vistas panorámicas.

La Catedral de Santiago de Compostela
Allí se conserva la tumba del apóstol Santiago el Mayor, santo patrón de España, descubierta en el año 812. Peregrinos de toda Europa han hecho el "camino de Santiago" desde antes del año 950. Partían desde varios puntos de Francia, atravesaban los Pirineos y recorrían todo el norte de España a pie hasta llegar a Compostela. Se hospedaban en docenas de monasterios y casas de hospedaje a lo largo del camino. La actual basílica es el resultado de multitud de construcciones distintas, desde las primitivas iglesias del siglo IX hasta la fachada principal del siglo XVIII.

Hoy día sigue siendo lugar de peregrinación. En el último "Año Santo" (año en el que el 25 de julio, fiesta de Santiago, cae en domingo), que fue 1993, visitaron esta catedral cerca de siete millones de peregrinos.

El escritor italiano Dante dijo de la peregrinación a Santiago que es "la más maravillosa aventura que un cristiano pueda hacer antes de su muerte".

La Sagrada Familia de Barcelona, obra de Gaudí
Es singular por su concepción modernista y su diseño complicado e imaginativo. En 1883 Gaudí se hizo cargo de la continuación de este templo, pero modificó totalmente el diseño neogótico original. Es una obra aún inacabada y se financia con aportaciones económicas voluntarias.

• •

Se trata de un juego de preguntas. Los alumnos juegan en equipos de 4 ó 5.

Cada equipo prepara preguntas como las del ejemplo del libro. Las preguntas deben ser variadas, de las categorías siguientes:
- Origen ("¿de dónde es...?"):   cada respuesta acertada vale   1 punto.
- Edad ("¿cuántos años tiene...?")   "   "   "   "   1   "
- Monumento ("¿qué monumento está en...?" o "¿dónde está...?")   2 puntos
- Descripción ("¿cómo es...?")   "   "   "   "   3   "

Las preguntas de cada grupo se escriben en tarjetas, que se barajan y se colocan boca abajo o en sobres para que no se vea lo que hay escrito.

Todos los alumnos intentan memorizar todos los datos de la página durante unos minutos.

Por turno, cada grupo ofrece al equipo que tiene a su derecha las tarjetas de preguntas, para que elijan. Se lee la tarjeta y el equipo que debe contestar dispone de 15 segundos. Naturalmente, no se puede consultar el libro. Si se da una respuesta incorrecta, el equipo siguiente por la derecha tiene otros quince segundos para dar otra contestación. Si también es incorrecta gana el/los punto(s) el equipo que escribió la pregunta.
Termina una "ronda" cuando todos los equipos han contestado la(s) pregunta(s).

Sugerencias: No se pueden hacer muchas rondas de preguntas, porque si hay muchos equipos las preguntas empiezan a repetirse.
Si se hacen 2 ó 3 preguntas en cada ronda, se tarda menos.
Como siempre, en caso de duda pueden actuar de jueces una comisión de alumnos o el profesor.

EL MISTERIO DE LA PIRÁMIDE: segundo episodio
Chamán es el espíritu de un personaje imaginario que vivió supuestamente en América en el siglo XI, recorriéndola de parte a parte y enseñando a los diversos pueblos muchas cosas, siempre beneficiosas. Sus tesoros no son fruto de guerras ni de la codicia, sino muestras del agradecimiento de la gente, y símbolo de sus poderes mágicos.

Tras la muerte de Chamán, sus tesoros mágicos fueron expoliados y acabaron en distintas partes del mundo.

UNIDAD 4

Lección 1

1. A: ¿Qué es Fernando?
   B: **Es deportista/jugador de tenis/tenista**.

   B: ¿Qué es Luisa?
   A: **Es cantante**.

   A: ¿Qué es Lina?
   B: **Es doctora/médica**.

   B: ¿Qué es Jesús?
   A: **Es periodista**.

3. El juego de la mímica (p. 29)

Objetivo: nombres de profesiones.

El juego: pueden aplicarse todas las sugerencias del juego de las diez preguntas, de la unidad 3.

Lección 2

1. B: ¿De qué color es la reina?
   A: **Es blanca**.

   A: ¿De qué color es el sol?
   B: **Es amarillo**.

   B: ¿De qué color es el ciervo?
   A: **Es marrón**.

UNIDAD 4

5. El juego de las preguntas. (p. 31)
Objetivo: los colores.

El juego: parecido al juego "Viajamos por España", de la unidad 3.

Los alumnos se dividen en equipos y piensan en objetos que tienen un color típico y determinado. En caso de duda, consultan con el profesor. Conviene que este revise todas las preguntas para que sean correctas y no demasiado difíciles.

Situados en corro, los equipos van haciendo preguntas al equipo que tienen a su derecha.

Dado el carácter de las preguntas, no hace falta escribirlas en tarjetas. Basta con que cada equipo escriba una lista de preguntas (2 ó 3 más de las que van a emplearse, por si otro equipo ha pensado en la misma pregunta, lo que suele suceder) y las van leyendo por turno.

• •

PROYECTO 1: Mural de personajes.

Por grupos, los alumnos preparan carteles para un mural de personajes favoritos.

Los alumnos se reúnen en equipos que tengan aficiones o gustos comunes (música, deportes, etc.).

Encuesta: como se trata de reflejar los personajes favoritos de la clase, cada equipo prepara preguntas para una encuesta destinada a descubrir cuáles son los personajes preferidos de la clase en distintos ámbitos (música, cine, deportes ,etc.).

Una vez elegidos los personajes, cada equipo se encarga de uno, aunque todos pueden (¡y deben!) colaborar aportando materiales (fotos, datos o ideas).

Cada equipo prepara un diseño de cartel pequeño, a escala. Luego todos los equipos se juntan, comparan ideas y hacen sugerencias: ¡este proyecto no es competitivo! Se trata de hacer un mural lo más bonito posible para toda la clase.

Asimismo, miembros de todos los equipos toman medidas de las paredes y distribuyen el espacio para los distintos carteles del mural.

Fomente la creatividad. Procure no hacer sugerencias muy concretas (se entenderán como órdenes), pero indique, por ejemplo, que un mural no tiene por qué ser cuadrado, que algunos colores no destacan, y cosas por el estilo.

La investigación: se buscan fotos de los personajes, y también los datos personales, edad, país de origen, nombre y apellidos (algunos personajes son conocidos por sus nombres artísticos o sobrenombres). Los datos deben ser legibles y estar presentados de forma atractiva.

Es una buena idea sacar una foto del mural. Es un buen recuerdo y se pueden hacer copias para los alumnos.

CANTAMOS Y BAILAMOS: Me pongo de pie (canción 4, p. 33).

Canción ideal para la mímica, no sólo en el estribillo (siguiendo la letra, los alumnos se levantan y se sientan), sino también en cada estrofa. Los alumnos pueden imaginar fácilmente gestos con los que expresar los distintos oficios, es decir, las distintas profesiones. "Oficio" es una palabra muy poco usada actualmente en el habla coloquial.

UNIDAD 5

Lección 2

La casa
Transcripción:
Julia nos describe su casa: vivo en un piso muy bonito en Ciudad de México. Está en el centro y tiene una terraza muy grande.

Manuel nos describe su casa: vivo en el campo, en una casa con jardín. Es blanca y tiene dos plantas. En el jardín está la caseta de mi perro Curro.

La casa de Julia es la **B**.
La casa de Manuel es la **A**.

1. La habitación de Pedro está **entre** la cocina y la habitación de Julia. El salón está **al fondo del** pasillo. La habitación de los padres está **a la derecha del** pasillo.

4. **Lavabo: cuarto de baño. Televisión, sillón: salón. Lámpara, armario, mesa: habitación. Nevera: cocina.**
Lógicamente, algunos objetos pueden aparecer en diferentes habitaciones.

● ●

CANTAMOS Y BAILAMOS (p. 38)
La práctica de la localización con dos canciones famosas.
La primera, (canción 5) "La yenka", de fama internacional, es un pretexto para que la clase entera baile.
La segunda, (canción 6) "¿Dónde están las llaves?", es una popular canción de corro española, que también permite el juego y la participación de toda la clase.
Los nombres incluidos en los últimos versos de la canción, Luis Alberto y Mari Carmen, son ejemplos. Al terminar la canción se puede seguir cantando, cambiando los nombres y diciendo, por ejemplo, los nombres de los compañeros, de personajes famosos, etc.

EL MISTERIO DE LA PIRÁMIDE: tercer episodio.
Chamán advierte a Paloma del peligro de que un malvado (el doctor Nanay) se apodere de los objetos mágicos y los emplee para sus fines criminales. Paloma se pone en contacto con sus amigos por medio de Infored.
"Nanay" es una interjección coloquial que significa "no" o "ni hablar" (recuérdese el famoso "Doctor No" del agente 007).

UNIDAD 6

Lección 1

4. 28 - 32 - 47 - 73 - 99.

5. cincuenta y uno, veintitrés, sesenta y cinco, ochenta y cuatro, noventa.

6. a. *cuarenta y seis.* b. *veintidós.* c. *setenta.* d. *sesenta y tres.* e. *cincuenta y uno.*

7. ¡A CANTAR!: Dos y dos son cuatro (canción 7, p. 41)
Este fragmento de una conocida canción de corro española tiene el final cambiado respecto a su versión original para dejar abierta la posibilidad de seguir improvisando la letra de la canción.
En realidad, después de "treinta y dos" el final, de contenido religioso, debería decir: "Ánimas benditas, me arrodillo yo".

8. 1- Son las tres menos veinticinco.
   2- Son las seis treinta.
   3- Son las dos y veinte.
   4- Son las nueve y media.
   5- Son las once.
   6- Son las dos cuarenta y cinco.
   7- Son las catorce cero cinco.
   8- Son las cuatro menos cuarto.
   9- Son las doce y cuarto.

Lección 2

1. ¿A qué hora se acuesta Vampirito? **Se acuesta a las diez de la mañana.**
   ¿A qué hora se levanta? **Se levanta a las nueve de la noche.**
   ¿A qué hora va al colegio? **A las doce va al colegio.**
   ¿A qué hora vuelve del colegio? **Vuelve a las seis de la mañana.**
   ¿A qué hora desayuna? **Desayuna a las diez de la noche.**
   ¿A qué hora come? **Come a las tres de la mañana.**
   ¿A qué hora cena? **Cena a las diez de la mañana.**

LOS TROTAMUNDOS (Libro del Profesor)

3. Transcripción:
Buenas tardes, esta es la programación de deportes para esta tarde:
A las tres y media, retransmisión del partido de fútbol: Real Madrid – Fútbol Club Barcelona.
A continuación, a las cinco y cuarto, la final del torneo de tenis Conde de Godó.
Alrededor de las siete, la vuelta ciclista a España.
Por último, a las siete y media, un partido de baloncesto muy interesante: Los Angeles Lakers contra los Chicago Bulls.

HORA	03:30 p.m.	05:15 p.m.	07:00 p.m.	07:30 p.m.
ciclismo			X	
fútbol	X			
baloncesto				X
tenis		X		

• • • • • • • • • • • • • • • • • • • •

¡A JUGAR!: El juego de los relojes (p. 44).

Objetivo: decir la hora.

El juego:
Se juega en parejas. Los dos alumnos colocan una ficha (un trozo de papel coloreado, etc.) en la casilla de las doce. Empieza el alumno A. Tira una moneda. Si sale "cara" avanza una casilla, si sale "cruz" avanza dos casillas.
El alumno B pregunta: "¿qué hora es?". Inmediatamente, A debe contestar la hora correcta que figura en ese reloj. Si la respuesta es correcta se queda en la casilla nueva, si es incorrecta, o si tarda demasiado (5 segundos o más), vuelve a la casilla anterior.
Luego tira la moneda B y juega.
Así van avanzando por todas las casillas. El primero en llegar (y acertar) la casilla doce ha ganado. Para ello tiene que caer exactamente en la casilla doce. Si un jugador está en la casilla 11, tira la moneda y sale "cruz" (dos casillas) no puede jugar y le toca al otro jugador.

Clave:
    1. Son las dos.
    2. Es la una y media.
    3. Son las nueve y veinticinco.
    4. Son las diez y cuarto.
    5. Son las siete cincuenta.
    6. Son las tres y diez.
    7. Son las cuatro cincuenta y cinco.
    8. Son las doce y veinte.
    9. Son las cuatro treinta.
    10. Son las once menos diez.
    11. Son las seis cincuenta y cinco.
    12. Son las seis menos cuarto.

UNIDAD 6

¡A JUGAR!: El laberinto de los números (p. 45).

Objetivo: números del 1 al 100.

El juego: El mismo tablero de números sirve para varias modalidades de juego. El profesor decidirá qué juego resulta más apropiado. En cualquier modalidad hacen falta dos dados (o papelitos con números del 2 al 12 y doblados de modo que no se vean) y una ficha por cada jugador.

1) La modalidad más sencilla y rápida: se trata de una carrera. Empiezan las fichas en la casilla 1. Cada jugador tira dos dados y avanza tantas casillas como puntos hayan salido en los dados. Se avanza como el rey de ajedrez, en cualquier dirección, siguiendo la numeración. El jugador debe mover la ficha de casilla en casilla y decir los sucesivos números en voz alta ("uno, dos, tres, cuatro, etc."); naturalmente, si se equivoca de casilla o dice mal el número, pierde el turno. Gana el primer jugador en llegar a la casilla cien. Se recomienda que jueguen de tres a cinco jugadores.

2) En parejas o por equipos: dos contra dos o tres contra tres. Una ficha por cada jugador de cada equipo (2, 4 ó 6). Se trata de la misma carrera para llegar a cien, pero con la siguiente diferencia: al llegar a una casilla nueva y decir correctamente los números, el jugador anota el número de la casilla que "pertenece" a su equipo. Ningún jugador del equipo contrario podrá parar en esa casilla. Si cae en ella perderá el turno. Pero para ello algún jugador del equipo al que pertenece la casilla debe darse cuenta a tiempo (antes de que otro jugador tire el dado) y avisar. Esto obliga a los alumnos a recordar números y decirlos en voz alta. Por ejemplo: "La casilla cuarenta y dos es del equipo B". También obliga a que todos estén atentos a todas las jugadas.

LOS TROTAMUNDOS (Libro del Profesor)

UNIDAD 7

Lección 1

2. **Bocadillo de queso o de jamón. Helado de chocolate, fresa o limón. Refresco de limón. Vaso de (refresco de) limón, de agua. Puesto de refrescos.**

Lección 2

2. **a-5 (quizá también en 1 y 2); b-4 (también en 2 y 3); c-1 (también en 2); d-3; e-2.**

• •

¡A JUGAR!: El precio exacto (p. 50).

Objetivo: decir precios, nombres de productos de alimentación.

El juego:
Este juego está basado en un concurso de televisión muy popular, en el que los concursantes tienen que acertar el precio de diversos objetos.
Preparación previa, preferiblemente el día anterior:
La clase se divide en cuatro equipos iguales o aproximados. Cada equipo piensa en varios productos y averigua el precio real de esos productos. Si puede ser, trae fotos de anuncios o revistas donde se ven esos productos, para mostrarlos durante el juego. El número de productos depende de cuántas jugadas se pretendan realizar. Un número adecuado es cinco jugadas (de 30 a 40 minutos), para lo que se recomienda que los equipos preparen 6 ó 7 productos, por si hay otro equipo que ha elegido el mismo.

Los equipos presentan al profesor los productos, con sus precios y sus fotos, para que este compruebe que no se repiten, y que los precios son razonables.

Desarrollo
Por turnos, va participando un jugador de cada equipo: un alumno hará de presentador y hará la pregunta "¿cuál es el precio exacto de... (el producto elegido)?".

Los otros tres son los concursantes, que dan las respuestas inmediatamente, sin poder consultar con su equipo. Ningún jugador puede repetir un precio dicho por otro jugador anteriormente. Gana un punto el jugador que se aproxime más al precio exacto, pero **sin pasarse.** Por ejemplo:

El precio del producto X es cuatro euros con cincuenta (4,5 euros). El jugador 1 dice cuatro euros, el jugador 2 dice cuatro euros con sesenta y el jugador 3 dice tres euros. El que más se aproxima es el 2, pero se ha pasado, por lo que gana el jugador 1.

Después de comprobar las respuestas y adjudicar el punto, cambian los jugadores. El representante del equipo que hizo la pregunta anterior ahora juega con el número 1, el equipo que tenía el 1 ahora tiene el 2, y el que tenía el 2, ahora tiene el 3. El que tenía el 3 ahora hace la pregunta. Cuando se complete una ronda de cuatro preguntas, todos los equipos habrán tenido oportunidad de ganar tres puntos. Esta es una "jugada" completa. Si hay tiempo, lo ideal es que se hagan las jugadas necesarias para que participen todos los jugadores, bien como concursantes o como presentadores.

Sugerencias

Puede que haya alumnos que no se sientan muy seguros hablando de precios. Es preferible que estos hagan de presentadores. Cada equipo decide a quién manda de presentador y a quién de concursante.

Puede jugarse este juego con cualquier tipo de productos, pero dado que en la unidad se han visto palabras de comidas y bebidas, conviene limitar el juego a estos productos. Además, con ellos no se corre tanto riesgo de convertir el juego en una incitación al consumismo (que podría producirse de jugar con calzado deportivo, relojes, y otras cosas que los alumnos valoran especialmente como símbolo del nivel social).

EL MISTERIO DE LA PIRÁMIDE: cuarto episodio.

Julia acude al museo en busca de alguno de los objetos de Chamán. Sabe que debe buscar en las salas de la cultura maya. En un fragmento de cerámica de la época de Chamán, Julia reconoce un dibujo de las sandalias de Chamán por la descripción que le había transmitido Paloma por Infored.

En el museo ve que las sandalias deben estar enterradas debajo de una cabeza de piedra con forma de jaguar, animal importante en la simbología maya. Acude en seguida a Palenque y, tras buscar, encuentra la cabeza de jaguar. De noche vuelve a rescatar las sandalias.

Comente con los alumnos los perjuicios causados por los ladrones de tesoros arqueológicos. Julia aclara que si no se tratara de las sandalias de Chamán no se quedaría con ningún objeto de valor arqueológico. En su caso, tenía la misión de recuperar y guardar los objetos de Chamán.

LOS TROTAMUNDOS (Libro del Profesor)

UNIDAD 8

Lección 1

1. Transcripción:
El lunes a las seis de la tarde tengo clase de kárate. El martes a las siete y media tengo clase de guitarra. Tengo clase de alemán el miércoles a las cinco. El jueves otra vez clase de guitarra a las siete y media y el viernes kárate a las seis.
¡Ah! El sábado por la mañana voy al parque con mis amigos. ¡Qué bien!
Bueno, y el domingo voy a comer con los abuelos.

1. **Va a clase de kárate.**
2. **Los martes y los jueves a las siete y media.**
3. **Va a clase de alemán.**
4. **No. No va al colegio. Va al parque con sus amigos.**
5. **El domingo.**

2. El lunes a las 18,00 tengo clase de kárate, el miércoles a las 17,00 tengo clase de alemán, el jueves a las 19,30 tengo clase de guitarra, el viernes a las 18,00 tengo clase de kárate, el sábado por la mañana voy al parque con mis amigos.

5. **Banco: De lunes a viernes de 8 a 14 horas.**
   Restaurante: Lunes cerrado. Martes a domingo: de 14 a 16 horas y de 21 a 23 horas.
   Parque de atracciones: Todos los días de 10 de la mañana a 10 de la noche.
   Tienda: De lunes a viernes de 9,30 a 13,30 horas. Sábados: de 10 a 13.
   Cine: Pases diarios: 4,15 – 7 y 10. Sábados y domingos: matinal 12 horas.
   Discoteca "light" para menores: Abierto de jueves a domingo y festivos: de 19 a 22 horas.

Lección 2

1. Este ejercicio sirve para repasar las preposiciones anteriormente aprendidas en la unidad 5 ("a la derecha de", "a la izquierda de", "entre") y practicar las aquí presentadas. Dependiendo del nivel de los alumnos y de sus ganas de aprender, podremos introducir expresiones y frases nuevas que nos sean útiles a la hora de dar indicaciones. Frases del tipo: "la panadería está muy cerca/aquí al lado/aquí mismo, etc."

UNIDAD 8

Clave: Caben varias opciones. Cualquiera de ellas vale, con tal de que la localización sea correcta.
La panadería (1): está enfrente del restaurante.
La heladería (4): está enfrente de la iglesia, al lado del restaurante y al lado de la cafetería.
La cafetería (5): está entre la heladería y la tienda de deportes.
El supermercado (2): está al lado del restaurante.
La tienda de deportes (6): está enfrente del puesto de golosinas, al lado de la cafetería.
El restaurante (3): Está enfrente de la panadería, entre la heladería y el supermercado.

PROYECTO 2: ¡A comer!
Objetivos: vocabulario y expresiones de compras, los números, la hora, etc. (según iniciativas de los alumnos).

Como en cualquier proyecto, debe potenciarse la creatividad de los alumnos. Indique los objetivos del proyecto en líneas generales, pero pida a los alumnos que aporten sus sugerencias y adapte el proyecto lo más posible a sus intereses y necesidades.

Se trata de montar en la clase una zona de puestos de refrescos, helados y comida rápida, como las que hay en los grandes centros comerciales. Los alumnos se dividen en dos grupos, y en dos turnos harán de vendedores / camareros y de clientes.

Preparación: dinero, comidas, bebidas, carteles de precios, horarios.

Opciones: carteles vistosos con los nombres de los establecimientos, un gran reloj con manecillas que se muevan.

Las tarjetas que representan las hamburguesas, bocadillos, helados, etc. pueden ser sencillas tarjetas blancas con la palabra correspondiente escrita, o recortes de anuncios de revistas, periódicos, etc., en los que se vea el producto deseado.

Desarrollo del proyecto (salvo sugerencias diferentes de los alumnos): cada turno dura 15 minutos. Se reparte una cantidad normal de dinero (¡no demasiado!) a cada cliente, y los vendedores / camareros se colocan en sus puestos / restaurantes. Los clientes van comprando y consumiendo y gastando el dinero. A cambio se quedan con las tarjetas de comidas, bebidas, etc. Cada compraventa debe hacerse empleando las frases correctas, no vale hablar en la lengua materna de los alumnos, ni vale hacer señas exclusivamente. Cada cinco minutos, el profesor da la hora en voz alta para que se den prisa los que van más lentos.

Asimismo, todos los puestos / restaurantes deben cerrar durante 2 minutos dentro del periodo, a la hora que se indique en su horario, y durante ese tiempo no servirán a ningún cliente.

Al final del periodo, nadie puede seguir comprando. Cada cliente muestra lo que ha comprado. Se comparan las compras y se comenta quién ha hecho más y mejores. La clase vota al jugador que ha comprado "mejor". El haberse quedado con dinero sin gastar no debe ser considerado un mérito.

CANTAMOS Y BAILAMOS: La semana (canción 8, p. 57)
¿Se atreve a pedirles a sus alumnos que cambien la letra, adaptándola a sus costumbres, o incluyendo alguna broma? Si lo hace puede que se lleve una sorpresa. Si están motivados, escribir la letra de una canción les resultará más fácil de lo que piensa. Eso sí, asegúrese de que la letra es correcta.

UNIDAD 9

Lección 1

2. Los tesoros escondidos

Después de hacer una demostración y practicar las expresiones necesarias, divida la clase en dos equipos. Intervendrán alternativamente jugadores de cada equipo, que intentarán encontrar los "tesoros" que ha colocado el otro equipo. Como se ve en el libro, el jugador va con los ojos tapados, y sus compañeros de equipo tienen que orientarle.

Puede cronometrarse a cada jugador, y sumarse los tiempos de todos los jugadores de cada equipo. Ganará el equipo que tenga un "crono" menor.

Lección 2

1. **1-b; 2-c; 3-a.**

2. En este ejercicio la práctica de "tengo que" para expresar obligación se lleva a cabo por medio de tareas típicas del hogar que toda la familia normalmente tiene que compartir y llevar a cabo, aunque a algunos de sus miembros no les gusten demasiado. El dibujo al lado de cada actividad sirve para ilustrar y explicar el significado de cada tarea, no teniendo el profesor que entrar en detalles, si no lo desea, a la hora de explicar este vocabulario.

- ¿Qué tenemos que hacer Miguel y yo? **Tenemos que hacer las camas y poner la mesa.**

- ¿Qué tengo que hacer yo? **Tengo que hacer la compra.**

- ¿Qué tiene que hacer Miguel? **Tiene que lavar los platos.**

- ¿Qué tienen que hacer mis papás? **Tienen que limpiar la casa y hacer la comida.**

- ¿Qué tiene que hacer mi mamá? **Tiene que planchar.**

- ¿Qué tiene que hacer mi papá? **Tiene que poner la lavadora y hacer la compra conmigo.**

UNIDAD 9

CANTAMOS Y BAILAMOS: Macarena (canción 9, p. 62)

"La Macarena", cantada por el dúo "Los del Río", ha sido y sigue siendo uno de los mayores éxitos discográficos españoles de todos los tiempos. Esta canción pegadiza y de gran ritmo ha sido traducida y bailada por infinidad de gente famosa, entre los que se incluyen el presidente de Estados Unidos Bill Clinton.

La letra de la canción no es digna de destacar por su complicación e inadecuación a la edad infantil. Por eso se han seleccionado solamente dos estrofas. Sin embargo, la canción irradia alegría, energía y ganas de bailar. El éxito de este ritmo está garantizado siempre y cuando se baile con ganas e ilusión.

"Movida" es una palabra que se ha puesto de moda en España y se emplea para muchos conceptos, a veces muy distintos. En esta canción se dice que a Macarena le va "la movida guerrillera", lo que equivale a decir simplemente que "es guerrillera", lo que, a su vez, significa que es muy aficionada a la juerga, a salir con chicos, que es muy desenvuelta, desenfadada, atrevida, etc.

EL MISTERIO DE LA PIRÁMIDE: quinto episodio.

Julia se comunica con Paloma y le cuenta que ya ha encontrado las sandalias. A los pocos días, también llega un mensaje de Carlos por InfoRed. Dice que ha encontrado la corona buscando tesoros americanos en InfoRed. Como se incluyen fotos, ha visto una foto de la corona de Chamán y ha localizado dónde está. La tiene un coleccionista brasileño. Mauro va a verlo y le cuenta por qué es tan importante la corona. Naturalmente, Mauro tarda una hora en convencer al señor Vieira de que se desprenda de la corona. El señor Vieira es comprensivo y generoso, y sabe que la corona será más útil en manos de Mauro que en una vitrina de su colección. Hay que saber renunciar a la posesión de los bienes materiales cuando estos pueden ser útiles a la sociedad.

LOS TROTAMUNDOS (Libro del Profesor)

UNIDAD 10

Lección 1

2. **La carta de la izquierda es de Ana y la de la derecha de Pedro.**

Lección 2

2.

	el gorila	el búho	la serpiente	la cigüeña	el leopardo
Ver de noche		X			X
Trepar a los árboles	X		X		X
Nadar			X*		X
Construir cosas				X	

* Aquí se considera como "nadar" los movimientos de los tipos de reptiles que se mueven y se desplazan en el agua, como las culebras, por ejemplo.

Pueden plantearse dudas sobre las habilidades de algún animal. No merece la pena perder el tiempo solucionando esas dudas. Pida a los alumnos que den su opinión en caso de duda.

4. **¡A CANTAR!**: La cucaracha (canción 10, p. 67). Tan famosa es esta canción que ha llegado a ser la más representativa de México. Se relaciona con la revolución zapatista porque en ella fue utilizada como canción emblemática.

• •

¡A JUGAR! Viajamos por América como Los Trotamundos (pp. 68–69).

Objetivos: cultura, geografía, arte, sociedad en Hispanoamérica; repaso de datos personales, gustos y aficiones.

El desarrollo del juego es parecido al de Viajamos por España (p. 26). En este juego todas las preguntas pueden puntuar igual, dado que no hay una diferencia apreciable de dificultad.

Clave:

	vive en...	está en...	le gusta...	de mayor quiere ser...
Rubén	Buenos Aires	cataratas de Iguazú	el fútbol	futbolista
Magdalena	México D.F.	Palenque	cantar	cantante
Álex	Lima	Machu Pichu	los animales	veterinario
Alicia	Bogotá	Cartagena de Indias	la fotografía	fotógrafa
Óscar	Santo Domingo	la playa	escribir	escritor

Información cultural

Cataratas de Iguazú
Situadas en el punto fronterizo entre Argentina, Brasil y Paraguay, se extienden a lo ancho de tres kilómetros, y llegan a tener en algunos puntos una altura de 80 metros. Son, por lo tanto, más altas que las cataratas del Niágara y más anchas que las cataratas del Victoria, en África.

Palenque
Las ruinas de Palenque (Chiapas, México), emplazadas sobre una montaña en medio del Parque Natural de Palenque y la selva Lacandona, la zona más húmeda de México, están consideradas como las ruinas mayas más bellas e impresionantes, y también las más misteriosas. Algunas de las inscripciones halladas en las ruinas no se encuentran en ningún otro monumento maya.
Algunas de las construcciones más importantes son el Templo de las Inscripciones, llamado así por sus numerosas y misteriosas inscripciones, con sus enrevesados pasadizos subterráneos, y el Templo del Sol, construido en el año 642. Apenas un uno por ciento de las construcciones han sido desenterradas y restauradas. El resto sigue oculto por la selva.

Machu Picchu
La ciudad incaica de Machu Picchu (que significa "montaña vieja") se encuentra a 120 Kms. de la ciudad del Cusco, en la cima de la montaña del mismo nombre, a 2.350 metros sobre el nivel del mar, frente al Huayna Picchu ("montaña joven").
El complejo arqueológico cubre un área de 5 Kms^2. aproximadamente. Fue dado a conocer en julio de 1911.
Considerado como uno de los más famosos restos arqueológicos de la humanidad, forma parte de todo un conjunto de construcciones unidas por una red de caminos conocida como "Caminos del Inca".

Cartagena de Indias
Cartagena es una bella ciudad, representativa del estilo colonial. Situada en la costa norte de Colombia, es un destino turístico de primera importancia por sus playas y su atractivo cultural.

UNIDAD 11

Lección 1

2. A: ¿Qué te pasa, Paloma?
   B: Me duele la tripa.

   A: ¿Qué te pasa, Julia?
   B: Estoy resfriada.

   A: ¿Qué te pasa, Mauro?
   B: Estoy malo, tengo fiebre.

3. Haga preguntas variadas, como las siguientes:
   – ¿Quién tiene fiebre?
   – ¿Qué le pasa a Paloma?
   – ¿Le duelen las muelas a Mauro?

Lección 2

a. ¿Diga?
1. ¡Hola! ¿Está Lucía?
d. Soy yo.
3. Hola. Soy Javier.
c. ¡Ah, hola! ¿Qué tal?
2. Bien. Oye, ¿quieres venir al cine esta tarde?
b. No puedo, me duele la cabeza.
4. Lo siento. Adiós.
e. Gracias. Adiós.

CANTAMOS Y BAILAMOS: El burro enfermo (canción 11, p. 74)
Conocida canción infantil con la que fijar la estructura "le duele" y léxico de las partes del cuerpo. La repetición acumulativa después de cada estrofa activa la memoria y estimula la dramatización mediante el apoyo de las palabras con los gestos.

EL MISTERIO DE LA PIRÁMIDE: sexto episodio.

La corona de Chamán tiene poderes mágicos: quien la tenga puesta en la cabeza puede ver lo que pasa en cualquier parte del mundo sólo con desearlo. La corona es, por lo tanto, la clave para encontrar el resto de los tesoros, pues con ella Mauro puede ver dónde están. El bastón está enterrado en el Machu Picchu, en Perú, y el anillo lo tiene el malvado doctor Nanay, que vive en una pirámide perdida en mitad de la selva. Por fin se va a desvelar el misterio de la pirámide.

LOS TROTAMUNDOS (Libro del Profesor)

UNIDAD 12

Lección 1

1. Como estas agendas empiezan en realidad el viernes por la mañana, los alumnos pueden empezar preguntándose qué van a hacer el viernes por la mañana para seguir sucesivamente interrogándose sobre los demás días.

3. a.) **Jorge va a pintar un cuadro**.
   b.) **Luis va a bañarse**.
   c.) **Eva va a patinar**.
   d.) **María va a arreglar la bici**.

4. Transcripción:
Pablo: *Oye, Victoria, ¿qué vais a hacer tu hermano Pepe y tú este fin de semana? Podemos ir a patinar.*
Victoria: *Yo no puedo. Voy a casa de mis abuelos todo el fin de semana.*
Pablo: *¿Y Pepe? ¿Qué va a hacer?*
Victoria: *El sábado por la mañana va a ir de compras con mamá. Por la tarde va a ir a una fiesta de cumpleaños.*
Pablo: *¿De quién es el cumpleaños?*
Victoria: *De un amigo de su clase.*
Pablo: *¿Y el domingo?*
Victoria: *Por la tarde va a montar en bici. Le gusta mucho, ya sabes. Pero por la mañana no tiene nada que hacer.*
Pablo: *Dile que yo voy a patinar el domingo por la mañana. Si quiere puede venir conmigo.*
Victoria: *Vale, se lo diré.*

Clave
Pepe va a hacer estas cosas:
El sábado por la mañana va a ir de compras con su madre.
El sábado por la tarde va a ir a una fiesta de cumpleaños.
El domingo por la mañana no va a hacer nada, (o, quizá, va a patinar con Pablo).
El domingo por la tarde va a ir a montar en bici.

UNIDAD 12

Lección 2

1. Los meses que tienen treinta y un días son: **enero, marzo, mayo, julio, agosto, octubre y diciembre.**

2. ¡A CANTAR!: La canción de los sanfermines (canción 12, p. 79).
El siete de julio es el día de San Fermín, patrón de Pamplona (Navarra). Durante varios días se celebran las fiestas, que incluyen los famosos "encierros". Los "mozos" (chicos jóvenes), ataviados de blanco y con pañuelo y "chapela" (boina) rojos, se reúnen al amanecer en la calle de la Estafeta, que une los toriles y la plaza de toros. Al abrir las puertas de los toriles, los toros salen corriendo, y los mozos, por supuesto, delante de ellos. Resulta peligroso, pero es una experiencia inolvidable. Personas de todo el mundo vienen cada año a ver el espectáculo, e incluso a participar. El escritor norteamericano Ernest Hemingway fue uno de los primeros extranjeros enamorados de los encierros de San Fermín.
En muchos otros pueblos de España se celebran encierros en las fiestas locales, pero en ninguno se sueltan toros de lidia adultos, los mismos que salen en las plazas de toros.

● ●

A CANTAR Y BAILAR:
El cumpleaños de Julia es el motivo de la fiesta final de los Trotamundos 1.
La canción 13 (p. 80) es una versión del internacional "Cumpleaños feliz" y la canción 14 (p. 81), "La bamba", es un símbolo del mundo hispano que permite un alegre fin de fiesta. Su autor, el portorriqueño Ritchie Valens –cuyo nombre auténtico era Ricardo Valencia– murió muy joven en un accidente aéreo, pero tiene fama internacional e inmortal gracias a "La bamba".

EL MISTERIO DE LA PIRÁMIDE: último episodio (pp. 82, 83)
Julia va desplazándose con sus sandalias mágicas a buscar a Mauro y a Carlos. Paloma, mientras tanto, vuela para reunirse con sus amigos. Juntos se dirigen a la misteriosa pirámide del doctor Nanay. Se trata de una antigua pirámide guardada por indígenas de la zona, descendientes de los antiguos constructores de la pirámide y que han vivido hasta ahora aislados del mundo moderno. El doctor Nanay los ha hipnotizado empleando el anillo de Chamán, que permite saber lo que piensa cualquier persona, y también influir en los pensamientos y dominar la voluntad de las personas. Carlos usa el bastón para entrar en la pirámide, y los Trotamundos se enfrentan al malvado Nanay. Este confía en los poderes del anillo, pero este no sirve de nada frente a los otros objetos mágicos, porque Nanay no cuenta con la amistad de Chamán. La magia de nada sirve sin buenos sentimientos. Los Trotamundos desarman a Nanay, mientras los indígenas quedan libres de su poder y lo hacen prisionero.
Los Trotamundos se despiden prometiendo nuevas aventuras.

LOS TROTAMUNDOS (Libro del Profesor)

JUEGOS

- CLAVE DEL JUEGO DE LA PIRÁMIDE (pp. 84, 85)

    1. ¿Te gusta el fútbol? – **Sí, me gusta mucho**.
    2. Puedes pedir un deseo. – **Quiero ser alto y guapo/a**.
    3. ¿Qué quieres ser de mayor? – **Médico**.
    4. ¿Quieres venir a merendar? – **Sí, vale**.
    5. ¿Qué te pasa? – **Me duele la tripa**.
    6. ¿Qué vas a hacer mañana? – **Voy a ir al cine**.
    7. ¿Cuándo es tu cumpleaños? – **El cinco de enero**.
    8. ¿Cómo se baila este baile? – **Pon la mano en el hombro**.
    9. La cadera está al lado de... – **Las piernas**.
    10. La Alhambra es un palacio árabe. **Está en...** – **Granada**.

- El juego de la Serpiente (1 y 2) (pp. 86, 87)

    Objetivo: repaso general de todos los contenidos.

    Casi todas las preguntas tienen respuesta variable. Lo que hace falta es comprobar si esta es correcta. Conviene que los alumnos jueguen en grupos pequeños, de 4 ó 5 jugadores. El profesor no podrá atender a todos los grupos a la vez, de modo que es preferible que cuando un jugador de un grupo dé una respuesta, el resto del grupo decida si esta es válida. En caso de duda, naturalmente, el profesor intervendrá.

PRONUNCIACIÓN

- La "ll". Las palabras grabadas son las siguientes: pollo (B), valla (B), mala (A).

- La "r".
    Igual que en "kárate" suenan: vampiro, hora.
    Igual que en "guitarra" suenan: repite, terraza, reloj.
    Igual que en "viernes" suenan: levantarse, volver, Javier.

- La "c", la "z" y la "q".
    Las palabras grabadas son las siguientes:
    diez   queso
    conocer   cuatro
    cine   cero

Aprendemos a distinguir

- Las palabras grabadas son las siguientes:
    eres (A), ojo (B), roja (A), caña (B), carro (B), muchas (A), mía (A).

- Sílabas acentuadas:
    no<u>ti</u>cia   <u>o</u>cho   pa<u>ti</u>nar   perio<u>di</u>sta   profe<u>so</u>r
    te<u>so</u>ro   veteri<u>na</u>ria   <u>via</u>je   ar<u>tis</u>ta   bo<u>xe</u>o
    cere<u>al</u>   fe<u>liz</u>   gar<u>gan</u>ta   car<u>tel</u>   ta<u>re</u>a

- Tilde:
    semáforo   limón   vídeo   lápiz   tenéis   guía
    miércoles   papá   cafetería   pirámide   alegría   sílaba

- La "c"
    Suena como en "casa" en: cola   cuello   disco   cantar
    Suena como en "cenar" en: cine   dieciséis   inocente   cereal

- La "g"
    Suena como en "gato" en: guitarra   jaguar   gracias
    Suena como en "girar" en: colegio   mágico   genio

LOS TROTAMUNDOS (Libro del Profesor)

CLAVE DEL CUADERNO DE ACTIVIDADES

UNIDAD 1

2. 1d – 2a – 3c – 4b.

3. Ferrari: Italia, Volkswagen: Alemania, Jaguar: Inglaterra, Ford: Estados Unidos, Citröen: Francia, Seat: España.

4.

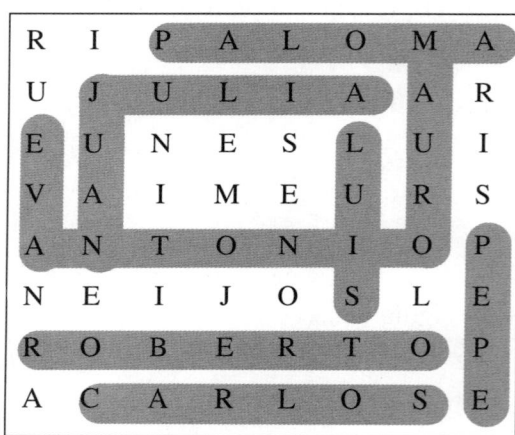

5. nombre apellido país España América días tardes coche

El Misterio de la pirámide:
MAYA (1: México; 2: Antonio; 3: Y; 4: días).

UNIDAD 2

1. Un profesor, tres plantas, una pizarra, seis chicos y chicas, tres ventanas, dos mapas, ocho libros, cinco mesas (más la del profesor).

2. A– ¡HOLA! ¿CÓMO TE LLAMAS?
   B– ¿CUÁL ES TU NÚMERO DE TELÉFONO?
   C– ¿CUÁNTOS AÑOS TIENES?
   D– ¿DE DÓNDE ERES?

3. siete: el autobús; quince: la puerta de embarque donde está la niña; once: el mostrador donde esperan los pasajeros; las doce: la hora; catorce: la puerta del vuelo de Bogotá; tres–ocho–siete: el número de vuelo de Iberia de Atenas.

4. S = siete; D = dos; U = uno; T = tres; O = ocho.

5. Me **llamo** Laura.
   Soy **de** Colombia.
   Mi número de **teléfono** es el 4487351.
   Tengo catorce años.

6. 8 lápices, 5 bolígrafos, 4 gomas de borrar, 1 foto, 3 tebeos, 2 juegos de ordenador.

El Misterio de la pirámide:
   MÁGICOS (1: <u>m</u>apas; 2: <u>a</u>; 3: <u>g</u>oma; 4: t<u>i</u>enes; 5: –<u>c</u>e; 6: llam<u>o</u>; 7: "<u>s</u>")

LOS TROTAMUNDOS (Libro del Profesor)

UNIDAD 3

1. Este es Hans. Es de Alemania. Tiene trece años. Esta es Eva. Es de Brasil. Tiene once años. Esta es Monique. Es de Suiza. Tiene diez años. Este es Fred. Es de Canadá. Tiene doce años.

2. A. La amiga secreta se llama Lola.   B. El amigo secreto se llama David.

M	O	D	A	L
O	B	E	J	B
R	A	L	T	A
E	G	G	O	L
N	A	A	R	G
A	L	D	E	A
G	O	A	R	B

D	G	O	R	D	O
E	J	R	U	L	E
G	O	R	B	O	L
L	B	E	I	G	O
A	L	T	O	A	M

3. Esta es mi madre.   Es baja y morena.
   Se llama Sofía.   Es de Guatemala.

6. Stella: Yo **soy** de Alemania. De dónde **eres** tú?
   Hans: Yo **soy** de Holanda.
   Stella: ¿Y tu amiga Ingrid **es** de Holanda?
   Hans: No. Ingrid **es** de Suecia.

7. Jean: Yo **tengo** once años. ¿Cuántos años **tienes** tú?
   Gina: Yo **tengo** doce años. ¿Tú **tienes** hermanos?
   Jean: No, no **tengo** hermanos. ¿Y tú?
   Gina: Yo **tengo** una hermana y un hermano.
   Jean: ¿Cuántos años **tiene** tu hermana?
   Gina: Mi hermana **tiene** siete años.

El Misterio de la pirámide:
   ROBADOS (1: mo<u>r</u>ena; 2 y 6: <u>g</u>ordo; 3: <u>b</u>ajo; 4: <u>A</u>lemania; 5: ma<u>d</u>re; 7: <u>s</u>oy ,ere<u>s</u>, e<u>s</u>.)

UNIDAD 4

1. 2- D: Tito es cantante.
   3- F: Raúl es futbolista.
   4- E: Mara es veterinaria.
   5- B: Daniel es artista (pintor).
   6- A: Ángeles es profesora.

2. ROSA MARRÓN NARANJA AMARILLO VERDE NEGRO AZUL

3. Rojo: pantalón de la señora y camisa del pescador (6); azul: charco–lago (5); blanco: mantel (4); marrón: burro (2); negro: toro (7); naranja: zanahoria (3); verde: hierba (1); amarillo: sol (8)

4. 1. La rana. 2. La jirafa. 3. El hipopótamo. 4. El gorila. 5. El loro. 6. El oso polar.

5. 1-C; 2-E; 3-D; 4-A; 5-B; 6-G; 7-H; 8-F.

El Misterio de la pirámide:
   NANAY (1 y 3: Á<u>n</u>geles; 2 y 4: <u>a</u>marillo; 5: So<u>y</u>).

UNIDAD 5

1. El perro en A está delante y en C está sobre el armario.
   El armario en A está a la izquierda y en C está a la derecha.
   La guitarra en A está delante del armario y en C está delante de la mesa (al lado del armario).
   El póster en A está entre la ventana y el armario y en C está en el armario.
   La mesa en A está a la derecha de la habitación y en C está entre la cama y el armario (debajo de la ventana).
   La planta en A está a la derecha de la habitación y en C está a la izquierda.
   El radiocasete en A está a la izquierda de la habitación y en C está al lado de la ventana (encima de la mesa).
   Hay alguna diferencia más entre A y C. Permita a los alumnos que expresen las diferencias que ellos encuentren entre los dibujos.

2. – ¿Dónde vives? (A-E)
   – Vivo en Granada. (J-O-P)
   – ¿Cuál es tu dirección? (K-H-L-G)
   – Vivo en la calle Mayor número quince. (D-C-B-F-I-N-M)

3. COCINA CUARTO DE BAÑO SALÓN HABITACIÓN TERRAZA JARDÍN

4. Vivo en **una casa** (1) muy **bonita** (2). Está **a las afueras** (3) de Málaga. Es **blanca** (4) y tiene **dos** (5) plantas. En el jardín está **mi bicicleta** (6).
   Este (7) es el **salón** (8). Es muy **grande** (9). Al lado de la ventana está la **televisión** (10).

5. Los Golfis están entre la televisión y la ventana, entre la televisión y la puerta (al fondo del salón), encima de la mesa, al lado del sofá (entre el sofá y la pared).

6. Nombre   Celia
   Apellido   Pérez
   País de origen   Ecuador
   Dirección   Calle del Ferrocarril, 23. Guayaquil.
   Número de teléfono 723456

El Misterio de la pirámide:
   MUSEOS (1: <u>M</u>ayor; 2: c<u>u</u>arto; 3 y 6: do<u>s</u>; 4: nombr<u>e</u>; 5: ba<u>ñ</u>o).

UNIDAD 6

1. a) Es el reloj de Don Federico.
   b) Es el reloj de Arturo.
   c) Es el reloj de Rosa.
   d) Es el reloj de Chelo.

3. Mauro: ¿A qué hora **te** levantas, Luis?
   Luis: Me levanto a las ocho. ¿Y tú, Mauro?
   Mauro: Yo **me** levanto a las siete. Voy al colegio a las ocho. Mi hermano Roberto va a las ocho y media.
   Luis: Yo voy al colegio a las nueve y media.
   Mauro: ¿Y cuándo cenas?
   Luis: Ceno a las nueve.
   Mauro: ¡Qué tarde! Yo ceno a las siete y media y **me** acuesto a las ocho. Mi hermano **se** acuesta a las ocho.
   Luis: Yo me acuesto a las diez.

4. A. ¿A qué hora com**es** tú, Pablo?
   B. Luisa cen**a** a las ocho.
   C. Me ac**ue**sto a las siete.
   D. ¿A qué hora v**ue**lve tu hermana?
   E. ¿A dónde v**as**, Mónica?
   F. Yo v**eo** la tele por la tarde.

5. A. veintiocho.
   B. cincuenta y siete.
   C. noventa y cuatro.
   D. sesenta y uno.

El Misterio de la pirámide:
MÉXICO (1: <u>m</u>enos; 2: m<u>e</u>, t<u>e</u>, s<u>e</u> ; 3: Brole<u>x</u>; 4: "<u>i</u>"; 5: <u>c</u>incuenta...; 6: ...un<u>o</u>).

UNIDAD 7

1. 1-B; 2-A; 3-D; 4-C.

2. bocadillo hamburguesa jamón queso helado chocolate limón fresa

4.
Cliente	Dependiente
1. Buenos días.	Buenos días.
2. Un helado de chocolate, por favor.	De chocolate no tengo. ¿Quieres uno de limón?
3. Sí, vale. ¿Cuánto es?	Noventa pesetas.
4. Aquí tiene.	Gracias.
5. Adiós.	Adiós.

5. Dependiente: **Buenas** tardes.
   Cliente: Buenas **tardes**. **Quiero** medio kilo de queso, por **favor**.
   Dependiente: Muy bien. Son cuatro pesos **con** cincuenta.
   Cliente: **Aquí** tiene.
   Dependiente: **Muchas** gracias.

6. 1-C; 2-E; 3-A; 4-B; 5-D.

El Misterio de la pirámide:
   JAGUAR (1: naranj<u>a</u>da; 2 y 5: llam<u>a</u>; 3: teng<u>o</u>; 4: "<u>u</u>"; 6: po<u>r</u> favo<u>r</u> – g<u>r</u>acias)

UNIDAD 8

1.

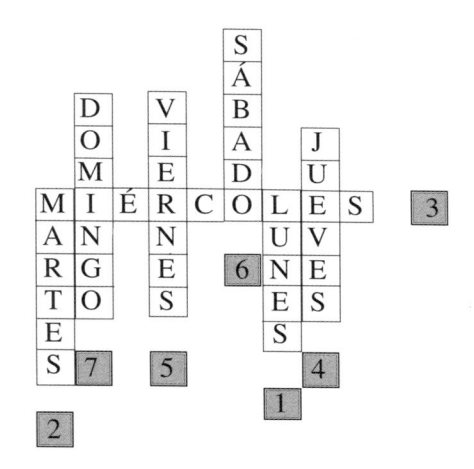

```
          S
          Á
    D V   B
    O I   A   J
    M E   D   U
  M I É R C O L E S   [3]
  A N   N     U   V
  R G   E   [6]N   E
  T O   S     E   S
  E         S
  S [7] [5]       [4]
                [1]
  [2]
```

2. 1-B; 2-C; 3-A.

3.

1	3	5	7
Javier	José	Azucena	Jaime

calle de las Flores

2	4	6	8
Violeta	Juan	Rosa	Margarita

4. El lunes Elena juega al baloncesto.
   El miércoles tiene clase de español.
   El jueves va al médico.
   El viernes visita el Museo Nacional de Antropología.
   El sábado come con los abuelos.

El Misterio de la pirámide:
   RÍO (1: ma<u>r</u>tes-mié<u>r</u>coles-vie<u>r</u>nes; 2: V<u>i</u>oleta; 3: c<u>o</u>mer)

UNIDAD 9

1. A. ¡Coge la pelota!
   B. ¡Dame la pelota!
   C. ¡Levántate!
   D. ¡Siéntate!
   E. ¡Salta!

2. A-5; B-3; C-2; D-1; E-4.

3.

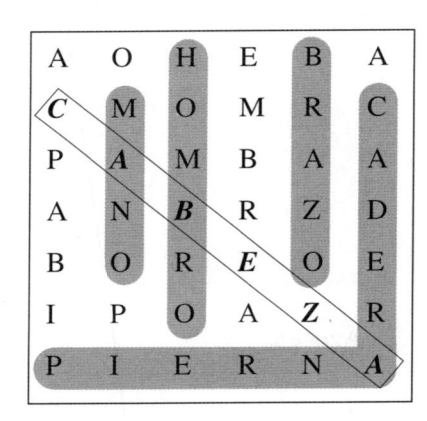

A	O	H	E	B	A
C	M	O	M	R	C
P	A	M	B	A	A
A	N	B	R	Z	D
B	O	R	E	O	E
I	P	O	A	Z	R
P	I	E	R	N	A

4.   **¡Mira!**   **¡Escucha!**
   A.   ☒   ☐   ...esta foto es de mi hermana.
   B.   ☐   ☒   ...esta canción es de Enrique Iglesias.
   C.   ☐   ☒   ...es el teléfono.
   D.   ☒   ☐   ...tengo un reloj nuevo.
   E.   ☒   ☐   ...es la última película de Spielberg.

5. 1-C; 2-B; 3-E; 4-D; 5-A; 6-F.

El Misterio de la pirámide:
   CABEZA (1: coge...; 2 y 6: "ar"; 3: "b"; 4: escucha; 5: brazo-cabeza)

UNIDAD 10

1. Me gusta la playa, el pescado, la Coca-Cola, el baloncesto.
   No me gusta la montaña, la carne, el café, el tenis.

2. Ismael, no puedes bañarte en el lago.
   Mar, puedes dar comida a los patos.
   Irene, puedes pasear por la hierba.
   Noriko, no puedes montar en bicicleta.
   Joaquín, puedes jugar a la pelota.
   Javier, no puedes llevar tu perro sin correa.
   Marta, puedes patinar.

3. **A**ntonia quiere un **a**jedrez.
   Baltasar quiere una **b**icicleta.
   Fernando quiere una **f**lauta.
   Gustavo quiere una **g**uitarra.
   Raquel quiere una **r**aqueta.
   Vivian quiere un **v**ideojuego.
   Cada chico/a quiere un regalo cuyo nombre empieza con su misma inicial.

4. – ¿Quieres venir al cine conmigo esta tarde?
   – No puedo, tengo que ir al médico con mi padre.

El Misterio de la pirámide:
   VER (1: "v"; 2: pescado; 3: "r")

UNIDAD 11

1. A. A María le duele la cabeza.
   B. A Erika le duelen las piernas.
   C. A Ahmed le duelen los oídos.
   D. Fred tiene fiebre. Está resfriado.
   E. Noriko tiene tos.

2. 1-C; 2-D; 3-B; 4-A.

3. 1-A: –¿Diga?
   2-F: –¿Está Julia, por favor?
   3-C: –Sí, un momento.
   4-D: –¿Diga?
   5-H: –Julia, ¿eres tú?
   6-G: –Sí, ¿quién eres?
   7-B: –Soy Carlos.
   8-E: –¡Ah!, hola Carlos.

4. CUELLO   OJO   OREJA   BOCA   NARIZ   GARGANTA   FRENTE

5.

	D	I	O	A	I	O
D	R	E	T	C	B	
	A	A	N	E	O	A
N	J	A	L	C	J	
	A	G	I	A	E	O
C	R	P	B	R	O	
	A	I	E	O	D	N
G	R	Z	L	I	I	
	A	A	A	O	L	Z

6. 1-D; 2-A; 3-B; 4-E; 5-C.

El Misterio de la pirámide:
   PERÚ (1: tri**p**a; 2: **e**res; 3: o**r**eja; 4: "**u**")

UNIDAD 12

1. A. ¿Qué vas a hacer el próximo fin de semana?   Voy a esquiar.
   B. ¿Qué vas a hacer esta tarde?   Voy a ir a un concierto.
   C. ¿Qué vas a hacer ahora?   Voy a acostarme.
   D. ¿Qué vais a hacer en agosto?   Vamos a ir a un campamento (de verano).

2. A. Va a llamar por teléfono.
   B. Van a jugar al tenis.
   C. Va a montar a caballo.
   D. Va a darse un baño.

3. A. Catorce de febrero (San Valentín).
   B. Uno de enero (día de Año Nuevo).
   C. Uno de mayo (Fiesta del Trabajo).

4. A. Según país.
   B. El doce de octubre.
   C. El seis de enero.
   E. Según país.

6. A-4 –¿Qué te pasa?   –No sé. Tengo fiebre.
   B-1 –¿Dónde vas?   –Voy al colegio.
   C-2 –¿Qué vas a hacer mañana?   –Voy a estudiar en casa.
   D-3 –¿Qué es tu madre?   –Es abogada.

El Misterio de la pirámide:
   PIENSA (1: por; 2: "i"; 3: septiembre-octubre-noviembre-diciembre; 4: Navidad; 5: sé; 6: "a")